손끝 인심

詩集

손끝 인심

박미령

이음과펼침

시인의 말

잡지사의 편집부에서 만나
인연을 맺은 남편과 함께
인생 2막으로 작은 식당을 꾸리며

불 앞에 서서 국을 저으며
설거지통에 손을 담그며
문득문득 마음에 새겨지는 말들을 모았습니다.

잘 차린 것은 아니지만
그냥 지나치기에는 아쉬워
세상이라는 밥상 위에 올려봅니다.

이 글들이 허기진 손님들의 마음에
조금이라도 따뜻하고 흐뭇한 위로가 된다면
참으로 감사한 일이 될 것입니다.

목차

오손도손

문이 열리자 웃음이 먼저 들어온다
네 개의 의자가 자연스레 가까이
메뉴 고르는 작은 회의가 열리고
아이는 반찬에 손이 간다

아빠는 물을 따르며 흐뭇
엄마는 감사의 미소로
식탁 위엔 온기가 가득

부족한 건 서로 건네고
식탁 가득 따사로움이
식당 한 켠이 잠시 집이 되고
오손도손 사랑이 익어간다

보석

어제의 눈물이
오늘의 보석이 된다

떨어질 듯 말 듯
나는 여전히 서 있다

기쁜 시간은
삶을 낡게 하지 않는다

더 깊게 만들뿐
더 값진 것으로

마음

세상은 조용히
내 안으로 열린다

아무런 돌봄없이
스스로를 피워낸다

빛은 항상
안쪽에서 시작되기에

밖으로 번지며
내가 되어 산다

공기밥

밥솥 김이 식탁 위로 늦게 오른다
하루 시작의 손이 그릇을 잡는다
젊음은 반찬처럼 먼저 사라졌다

소금보다 짠 말들을 삼킨 날들
아이들 웃음은 국물에 남은 향
남편의 침묵은 숟가락 무게
이름보다 역할이 크다
쌀알은 오늘도 둥글다

희망이 그릇에 가득
씹을 수록 따뜻해진다

버티기

애쓰는 열정이
하나씩 쌓여
지금이 되었다
부서진 조각들도
역사가 되듯이

비바람으로
실력을 다듬고
공손하게 두 손 모아
견디는 있는 법을
배우고 있다

실수

비닐봉투 하나 가볍게 묶으며
괜찮겠지, 스스로를 믿었다
문이 닫히는 소리가
이상하게 길게 남았다
주방 한 켠 남은 반찬 하나

식지 않은 국이 나를 본다
순간에 맥이 풀리고
대책 없이 당황스럽다

죄송합니다
다시 보내드릴게요

시간의 결

내 몸엔
수백 번의 계절이 산다

지워지지 않는 것들로
만들어진 나는

근심 어린 바람에도
말없이 견디며 지낸다

푸르른 그늘

푸른 잎 사이에 숨은 빛을 따라
시간을 천천히 불러본다
바람은 오래된 것들을 흔들고
가지도 고개를 끄덕인다
푸름은 세찬 모습
더욱더 단단해진다
견뎌낸 흔적만큼 커져가는
그늘이 있어 빛을 알게되고
멈춤이 있어 계속 갈 수 있다
오랜 잎이 매번 떨어지면서도
다시 돌아오듯이
모든 것은 사라지지 않고
더욱 깊어지고 있다

기도

어둠 속에
빛을 향한다

아무런 소리 없이
더 밝은 곳을 찾으며

희망이라는
고요한 곳으로

설거지

빈 자리의 온기가
그릇에 남아 있다
국물은 하루의 표정 같고
겹쳐 쌓인 접시는 은혜

뜨거운 물에 손을 담그면
뒤늦게 생각들이 불어난다
잘 먹었다는 한마디
남겨진 반찬들의 투덜거림이

거품 속에서 하루가 씻기고
깨끗해진 접시가 자리를 찾는다
마지막 그릇을 엎어 두며
모두에게 고맙다 말한다

갈대

해가 기울면
늘 이 숲으로 돌아온다

침묵이 가장 정확한 언어
나를 부르는 곳
갈대는 쓰러질 듯 흔들리며
결코 땅에 눕지 않았다

그 모습을 닮고 싶어
숨을 고르며 지켜본다

하루의 피곤함에서
나를 다시 안아준다
내 어깨에 기댄
또 다른 온기를 믿으며

씨앗의 심장

두꺼운 껍질 쌓인
붉은 심장을 본다

아무도 모르게
지나가던 시간처럼
마주치기 전까지
세상은 아무 말이 없다

작고 둥근 씨앗이 뭉쳐서
봄을 준비하고

모두가 그랬듯이
아무도 모르는 밤에
자신만이 아는 꿈을 꾸며
피어날 준비를 하는 중이다

고마움

계산대 앞에서 잠시 머뭇대다
“잘 먹었습니다”
큰 말도 아닌데 가슴이 뜨거워진다

그릇을 치우던 손이 멈추고
하루의 피로가 사라진다
밥값보다 마음에 더 감사

고개 숙인 인사에 미소지으며
맛보다 정성이란 표현으로
참으로 반가운 손님

꽃잎

꽃은 소리를 내지 않는다
그러나 색으로 말하고

햇살을 마주치면
지난 말들을 내려놓는다

용서하지 못했던 일들을
소리 없이 품는다

아픔은 빠르게 지나가고
부드러움만을 남기며

생각하는 사람

돌처럼 오래 서 있는
세월이 보태준
그 모습에서
나의 내면을 본다

말하지 않아도
이미 아는 듯
고개를 숙인 채
세상을 보는 표정이

흔들리지 않는 건
더 많이 흔들려왔기 때문
그래서 선택한 평온이
굳어진 무표정으로 보인다

구름

하늘에 쓰인 한 구절
바람으로 지우고 다시 쓴다

인생도 이처럼
계속 고쳐진 원고일까

틀린 줄 알았던 페이지가
올바름이라는 것을

구름은 사라져도
하늘의 칠판이 말한다

아름다움

온 세상의 모두는
잠시 머물다
사라지는 것들
그래서
더 눈부셔 보인다
잡으려 하지 않고
모두다 놓아준다
청춘도
세월도
계속 흐르도록

남편에게

하루 종일 등도 돌리지 않고
화덕 앞에 물러서지 않는다
불꽃이 얼굴을 핥아도
땀은 말없이 떨어지는데

뒤집는 손목에 신명이 걸리고
불 냄새에 희망이 익는다
말수는 줄고 불은 더 세차게
그 성실함이 더 큰 믿음

밤이 오면 화덕이 잠들고
눈꺼풀에 피곤이 다가온다
등을 보며 나는 느낀다
묵묵하게 애쓰는 희망을

조용히

소리 없이 피어난다
보여주지 않을 마음으로

작은 떨림 하나가
세상을 향해 새롭고

생각 깊은 곳에서
빛으로 새어 나온다

크지 않아도 되는
충분한 만족감으로

벽

모든 벽은
넘으라고 있는 것이 아니다

기다리라고
쉬며 생각하라고

나는 이 자리에 서서
하늘을 올려본다

높지 않아도 괜찮고
멀리 가지 않아도 괜찮다

지금의 나 정도로도
이미 충분하니까

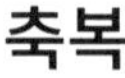

축복

새벽 불을 켜며 또 하루를 배운다
식당살이, 몸은 많이 지치지만
마음은 더 밝아진다

그릇을 닦으면 욕심이 씻기고
남은 반찬 하나에도 정성을
받기보다 내어주는 법을
매일 익혀가고 있다

비바람 치는 날 가게를 열면
찾아주는 고마운 얼굴들
덕분에 오늘도 감사를 배운다

주변의 이웃, 손님들까지
모두 나를 살게 하는 인연
고단한 하루 끝에서 알게 되는
이 삶은 분명 축복이다

홀로

차가운 바닥 위에서도
나를 잃지 않는다

조심스레 한 걸음씩
세상은 미끄러워도

멈추지 않는다
두렵지 않기에

나의 속도로만
살아갈 테니까

한마디

“오래 하셨죠?”
그 한마디에
멈칫

그 손님은 웃으시며
잔잔한 감사의
인사를 건넨다

나의 쓸모 있음과
나아질 수 있다는
격려가 느껴진다

이제야 붉어진다

오래 기다렸다
침묵 속에서도
내면은 성장하고
마침내 붉어진다

지금의 상황이란 게
늦은 것이 아니라
깊어진 것이다
나답게 빛나기 위해

성곽

도심 속에서도
수백 년이 지나도
성은 그대로 서 있고
사람만 바뀐다

나도 이 길을
수없이 건넜지만
오늘은 조금 다르게
성벽을 본다

지나간 것들은
성벽에 남아 있고
지금의 나를
막아 서고 있다

새벽 시장

어둠이 가시지 않는 길
트럭 불빛이 하나 둘 깨어난다
시장의 문이 천천히 열리고
물건 파는 소리가 안개 속에 번진다

싱싱한 채소, 반짝이는 생선
오늘의 밥상을 위한 전쟁
흥정을 주고받으며
일거리를 바구니에 담는다

새벽 공기에 섞인 식자재들
나도 그 일부가 되면서
손님들의 끼니를 미리 챙겨
해 뜨기 전 식당을 연다

숟가락

주방의 공기에는
따뜻한 하루가 매달려
숟가락마다
사람의 온기가 느껴진다

밥을 지어
누군가를 돕는 일에
오히려 훈훈해진
내 삶이 따뜻하다

빈 자리

모두가 떠났지만
자리는 남아 있다

비워졌다고 해서
의미 없음도 아니다

기억을 품은 채
다음을 기다리면서

떠난 것보다
남아 있는 것에서

의미를 찾아내
빈 자리를 채운다

아들들에게

밥상에 김치 한 조각에도
너희를 위해 손이 멈춘다
작은 웃음, 큰 걱정
내 하루 속에 머문다

길을 걷는 발걸음마다
응원의 마음이 따라가고
실수해도, 넘어져도
일어나기를 믿으며 지켜본다

언젠가 너희가 세상에 설 때
부디 이 마음을 기억하길
사랑으로 지은 날들이
좋은 밑거름이 되기를

숲길

나무들은 서로에게 기대어
숨결을 나눈다

낙엽은 시간을 따라서 가고
다음 계절의 편지가 된다

좁은 숲길을 달리며
깊은 숨을 고른다

밤의 다리

검은 물 위에
빛이 실처럼 엉킨다

흔들림 속에서도
중심을 찾고 있다

어둠도 길이 되기에
다리가 말을 건넨다

가는 실빛이 번져
어둠을 몰아내어 길을 연다

주방 일

연기는 오늘의 시간을 감싸고
보이지 않는 온도를 느낀다
열기는 천천히 식고
냄비는 약속대로 끓는다

연기 사이로 내 그림자가 스치고
희망의 노동이 빛을 낸다
애써온 하루가
이 증기로 퍼져 나간다

바람의 글씨

풀잎은 바람을 필기한다
가는 손가락 하나로
곡선을 그리며
쓰고 있는 문장들

말하지 않고도
알 수 있게 순간순간이
바람으로 흔들며
자신의 서명을 남긴다

육십만 원

통장에 남은 숫자
육십만원이 전부이던 날
숨이 먼저 막혔다

앞날은 계산되지 않고
절망만이 또렷했다
말하지 않아도 서로는 이미 알고 있었다

그날 남편은
남의 식당 출근
고개를 숙이며 일을 배웠다

낯선 앞치마, 거친 하루
그 땀으로 다시
숨을 쉬기 시작했다

육십만 원은 바닥이 아닌
다시 일어서던 디딤돌
그 첫걸음이 참 고맙다

나무의 피부

상처는 나무의 나이
시간이 새긴 흔적
그 틈을 읽으며
내 안의 세월을 읽는다

깊이 패인 무늬에
무너진 자리에서도
새로운 가지를 키워내는
조용한 무심을 느낀다

보라빛

작은 꽃들이
서로를 밝힌다

연약한 색으로
하루를 지탱하며

이 조용한 군락에서
살아갈 이유를 말하며

사소함이 모여
기적이 되고 색이 된다

벽 위의 숲

고요를 뚫고
얼굴을 내민다

차가운 틈에서
따뜻함이 시작되어

용기로 채워진
단단한 표정에서

끝까지 자라날
초록을 증명하고 있다

父子의 冊

힘든 날들의 무게 속에서도
아들의 웃음, 남편의 손길이
작은 빛으로 내 마음을 채운다

종이 위에 새겨진 글자 하나하나
우리의 땀과 눈물이 스며
오늘, 책 한 권이 세상에 나왔다

기쁨에 가슴이 뛰고
감동이 눈가를 적신다
이 순간, 진정한 부자(富者)가 되었다

부자가 된 건 돈이 아니라
함께 견디고 함께 이루어 낸 꿈
그리고 키워가는 보람들

감나무 1

지붕 위로
햇빛이 감으로 매달린다

가지마다
가을의 무게가 부풀고

떨어질 줄 알면서도
더욱이 커지는 갈망

비바람 속에
더욱 달콤해진다

시어머니

만날 때마다
“고생 많다”며
조용히 나를 끌어안아 주신다

말씀은 짧지만 마음은 많이
주름 속에도 사랑이 흐른다
그 손길 하나에 피로가 녹고

내가 부딪히는 날에도
뒤에서 버팀목 되어 주시는
그 은혜를 새긴다

오래된 숨

너는 하늘을
수없이 배우며

바람이 지나갈 때마다
조금 더 커졌다

사람의 시간보다
느린 심장 박동 소리

너는 더 오래도록
하늘을 보고 있다

손끝 인심

아침 햇살 식당 창에 스미면
짐 나르는 손이 바쁘다

박스 속 무, 시금치, 두부
다듬어 반찬을 준비하고

“매일 같으면 손님이 지겨워할까”
혼잣말로 칼끝에 정성을 담는다

냄비 끓는 소리에 귀 기울이고
간을 보며 온 신경을 쓴다

굽은 나무

나무들은 곧지 않아도
서로를 지탱한다

사이사이에서
굴곡을 사랑하며

휘어진 모습대로
목적이 있고

침묵 속에서
자라는 힘이 가득하다

남겨진 반찬

깨끗이 비워진 접시
혼자 남은 시금치
맛이 아니라
사정이었을 거라 믿는다

너무 짜지도
싱겁지도 않았는데
손님이 줄어든 날
반찬도 많이 남는다

버리기 전 잠깐
무엇을 잘못했는지를
꼼꼼히 살피며
반찬에게 물어본다

그림자

벽 위에 드리운 그림자
나무들이 글자가 된다

바람이 지우고
햇빛으로 다시 쓰며

말없이 보여주는
남는 이야기

부서진 듯 보여도
또다른 글씨로

그림자 속에서
너를 알리고 있다

존재

누구나 작은 몸으로
하늘을 연다

자신의 소리는
바람보다 크다

멈춰 서서
함성의 이유를 듣는다

살아 있다는 것만으로도
노래가 되는 아우성

아침은 하늘에서
그 작은 몸으로 내린다

팁

지폐가 작게 접혀 있었고
말씀은 나즈막하게
맛있게 먹었다는
그 한마디가
손에 쥔 돈보다
감동이었다
장사란 이런 건가
계산기에는 없는 값
남편에게 슬쩍 보여주며
눈으로 자랑했다

바위

물은 멈추지 않고
너를 깎아낸다

그래도 너는
조금도 원망하지 않는다

이끼는
네 상처 위에 자란다

고통이
생명을 돕는 자리가 되고

의연한 바위는
천천히 숨을 고른다

아직 흐르고

오늘도 무너지는 연습을 한다
높은 자리에서 내려오는 법을 배우며
욕심을 깨뜨려
부서진 몸으로 태어난다
아무도 밀지 않아도
스스로 떨어진다

멈추지 않는다는 것이
붙들리지 않는다는 뜻이다
물은 기억을 품고
흘러가며 사라지는 듯하다
잡을 수 없는 어제의 나를 보내며
새것을 받는다

청소

하루를 닦아낸다
기름때 속에
웃음도 섞여 있다
칼자국 난 도마는
말없이 거칠고
물소리가 커질수록
마음은 가벼워진다
마지막 불을 끄고
흐뭇하게 둘러본다

무릎

계단을 오르다
무릎이 먼저 힘들다고
알려준다

시큰거리는 느낌으로
나이 들어가는 게
아쉽다

손잡이를 잡고
천천히 오른다
아직 팔이 도울 수 있다고

더러움

아무도 바라보지 않는 곳
발자국과 상처가 섞인 자리
진흙은 매일 스스로를 더럽힌다

썩는 것과 자라는 것이 엉켜서
새로움을 키워낸다는 걸
진흙에게서 보았다

아무도 믿지 않을 때
꽃이 되어 올라온다는 것을
보이는 대로가 아님을 배운다

금 간 자리

세상은 둥글게 둘러져 있다
모서리 없는 창들 속에서
빛은 같은 얼굴로 스치고
어쩌다 한 장은
다르게 금이 갔다

일그러진 얼굴보다
깨진 마음이 먼저 티난다
상처를 두려워하지 않게
흠집 난 자리에
환한 빛이 오래 머문다

두 나무

나무는 서로의 어깨에
하늘을 얹어 둔다
바람은 그 틈을 찾아내
서로의 가슴으로 내려온다

길은 말이 없고
나무는 묻지 않는다
어디로 가는지

걷는 동안
고요해지는 여유로
나를 재촉하지 않고
오늘의 속도로 걸어간다

잎 사이로 흔들리는 바람이
나에게 말한다
아직은 괜찮다고

게으름

가끔
가게 문을 안 여는
아침을 상상한다

알람 없이
눈 뜨는 시간
불 켜지 않아도 되는 주방

그 상상은
이상하게도
완전히 자유롭진 않다

미래의 나는
분주하게 살아가며
섬기는 일을 할 것 같다

마주 본다는 것

너를 향해
얕은 숨으로 피어난다

가장 연한 곳에
가장 붉은 끝을 남기며

서로의 얼굴을
조심히 들여다본다

말은 없어도
이미 대화를 나누고 있다

상처가 여문 가장자리
그 안쪽의 고요

사랑은 고치지 않고
생긴 대로 봐 주는 일

새벽

아직 어둠이
남아 있는 시간
가게 문을 연다

몸은 무겁고
손은 저리지만
하루를 시작해야 한다

냄비에 물을 붓고
가스불을 켠다
작은 희망이 피어난다

조용히 움직인다
말보다 행동으로
서로를 응원하며

버려진 곳

가장 낮은 곳에서
돌의 상처를 덮는 이끼

비와 먼지와 시간에도
사라지지 않았다

버려진 공간이
집이 될 수 있다고

작은 상처 위에
조심히 숨 죽이며

다시 자라는 일은
조용히 시작된다

계절

잎이 떠나면
빛은 더 또렷해진다

비워질수록
나무는 하늘을 열어 보인다

한 해를 내려놓고
다음 걸음을 걷는다

옮겨 가는 중에
만난 가을은

내 등을 다독이며
잘 왔다고 말한다

창가의 난초

도시는 유리 밖에서
흐릿한 그림자가 되고
빛은 이 작은 꽃 위에
넓게 펼쳐진다

흔들리며 피는 것이
옳은 방식이라는 걸
알고 있지만

아무도 몰래 창가에서
도시를 내려본다

까치와 감

배고픔에 지친
까치가 내려앉는다
시간이 멈춘 듯
허기를 채우는 모습

떨어지지 않은 감에게
고마운 마음으로
조아리며 인사하고
새 기운으로 날아간다

눈사람

차가운 땅 위에
눈사람 얼굴들이 앉아
웃고 있다

녹을 걸 알면서도
지금 이 순간을
선물처럼 안고

나는 다시
아이로 돌아간다
새로운 눈사람을 만들며

내일을 위해

매일 불을 켜야 한다
국을 끓이고
손님을 맞아야 한다

남편과
같이 일하는 이 하루가
우리의 삶이다

큰 성취는 없어도
작은 것이 쌓이면
성장의 계단이 된다

열매

하늘을 향해
몸을 기댄 채
서 있다

비바람으로
무거운 날들도
견뎌가면서

내 안에 남아
언젠가 누군가를
따뜻하게 한다

웃는 나무

눈이 달린 나무가
나를 바라보며

그 앞에서
웃는다

세상도 나도
아직 괜찮다고

감 하나

텅 빈 하늘에
단 하나의 온기

가지 끝에서
떨어지지 않는 이유

나는 아직
세상과 연결되어 있다

빛을 머금으면
더욱 따뜻한 세상이 된다

맛의 기록

같은 레시피지만
매일 손님들의 반응을 본다

짜진 듯해서 물을 부으면
싱거워진 것은 아닌지

숟가락이 잠시 멈춘 자리에서
마음이 서둘러 간을 본다

갈대

나는 아직도
바람에 먼저 인사하는 사람이다
세상은 나를 흔들었지만
나는 끝내 쓰러지지 않았다

서투른 준비로 만든
빛 바랜 꿈들이
갈대 끝에 매달려
햇살에 다시 인사한다

쓰러질듯한 모습이
바람이 불어와
그 안에서 함께
가을을 만들고 있다

오후

말수가 줄어든 오후
긴 하루 속
잠시 쉬는 시간

다툼보다
말없이 견디는 것이
우리에게 필요한 화합

몸은 지쳐도
희망은 놓지 않는다
짐이 되지 않기 위해

단풍

이 나이에
이렇게도 붉을 수 있다는 걸
오늘에서야 알았다

일부로라도
버릴 줄 알아서
더 깊어지는

미련을 접어두고
붙잡지 않아서
더 아름답게 익는

초록이었던 모습도
불타듯 붉은 색으로
외출을 준비한다

바쁜 손

점심 시간이 되면
손은 쉴 틈이 없다
국을 뜨고, 접시를 닦고
주문서를 확인하며
머릿속은 이미 다음 손님 계산

몸은 피곤하지만
일손이 멈춘다면
식당이 돌아가지 않기에
정신을 바짝 차리고
바쁜 손을 타이른다

돌 구멍

세월은 나를 깎아
비워 두었고
그 자리에
바람이 머문다

잃은 것보다
남은 것이 더 많다
사라진 것보다
기억이 더 깊다

구멍은
아픔의 통로가 아닌
나를 통과한
시간의 증거

계산기

밤에 매출을 확인하며
계산기를 두드린다

수고함보다 더 큰 금액에
부끄러움을 느낀다

숫자가 건네는 성적표
마음에 감사함이 된다

내일의 가능성을 느끼며
몸과 마음을 다독인다

연꽃

서로 부딪히지 않으려
조금씩 비켜선 연 잎

그 틈에서
먼진 꽃 하나를 본다

가장 외로운 곳에서
환하게 피어나는

소리 내지 않아도
스스로를 들어내는 당당함

내일

남은 재료를 정리하고
계산을 다시 확인한다

심신이 지쳤지만
마감은 홀가분하다

몸에 밴 즐거운 노동이
내일도 이어질 수 있기를

왜가리의 등

한 발로 서서
세상을 바라보는 눈

움직이지 않음으로
모든 걸 견딘다

그 등을 닮고 싶다
살아내는 법을 아는

서두르지 않아야만
모든 게 기다려 준다고

남편의 손

남편이 무거운 재료를 들면
나는 옆에서 거들어주며
온기를 더하고

어려움도 마다 않는
솔선하는 태도 보며
용기를 얻게 된다

바깥 공기

문을 잠시 열고
바깥 공기를 마신다

몸에는 힘이 없지만
머리는 맑아진다

다른 세상을 만난 듯
신선함 고맙다

밤의 강

도시는 밤에
가장 솔직해지고
조용히 숨을 고른다

보이지 않는 시간
아는 외로움이
강물처럼 흘러간다

그리고 알게 된다
시간이 데려올 아침을
기다리고 있다는 걸

발걸음

가게 문을 닫고
집으로 돌아가는 길

발걸음은 무겁지만
마음은 너무나 가볍다

하루를 꽉 채우고
뿌듯해서 가는 발걸음

살아 있다는 무늬

이 나무도 나처럼
수없이 덧칠된 시간이다

벗겨지고, 또 덧입고
겨울을 넘긴 흔적

흰 줄은 아픔이었고
검은 줄은 견딤이었다

그 사이에서 보이는
살아있음의 감사

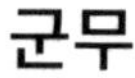

군무

바람이 지나가면
모두가 고개를 숙인다
누구도 꺾이지 않는다

이 갈대처럼
말없이 흔들리며
살아온 날들을 세어본다

침묵은
가장 오래된 노래이고
함께하는 춤사위

열리지 않는 문

나는 여전히
잠긴 마음 하나를 가지고 산다
누구에게도
내어주지 못한 말들

나를 지킨다
닫힘 속에서
인내하고 잘 사는 법으로
항상 만족하는 문의 안쪽

쌀 포대

포대를 들 때마다
나이를 생각한다
무게는 늘 같은데
팔은 힘겨워한다

그래도 내려놓을 때
정성의 준비 완성
농부들 덕분에
손님을 모실 수 있다

쌀 한 톨에 담긴
수많은 땀방울들이
세상을 돕고 있는데
당당히 거들어야 한다

의존

기둥 두 개로
몸을 지탱한 나무

나도 이렇게
누군가의 도움으로 서 있다

혼자인 듯 보여도
함께 버티는 중이다

양파

껍질을 벗길수록
눈물이 난다

매워서가 아니라
겹겹이 쌓인 성장통 때문
도마 위에 올려진
보름달 닮은 모습이
잘게 잘리며
단맛을 낸다

우리들도 그럴 테지
눈물 뒤에
달아지는 것이 올 것이라고

마른 잎

가지로부터
떨어졌다고
끝은 아닙니다
빛이 남아 있는 한
삶의 이야기입니다
바람에 날려서
살아 움직이며
역동적인 모습으로
떠나고 있습니다

자물쇠

굳게 잠궈 둔 자물쇠들
많은 마음들 사이에
까닭모를 소원이 가득차고

사라지지 않는 쇳덩이에
남겨진 기도들이
언젠가 이루어지길

집밥식당

간판보다 어려운 말
집밥이라는 약속
화려함 대신 순수한 맛으로
매일 같은 메뉴가 아닌
엄마 마음으로
제철 따라 지어낸 한 끼

물 위의 동행

거센 물결 속에서도
우리는 나란히 갑니다

속도가 달라도
방향이 같다면

함께일 수 있다는 걸
파도 위에서 배웁니다

졸음

오후 세 시
눈꺼풀이 무거워진다

의자에 잠깐 기대면
꿈꾸는 주방이 된다

국 넘치는 소리에
놀라 깬다

졸음도 염치가 있는듯
저절로 달아난다

오래된 도구들

녹슨 날들 사이로
수고로움이 매달려
쉬지 못한 역할로

무뎌진 칼날에서
시간이 번뜩인다
버리지 못한 기억

아직 쓸모가 있다고
함성을 가득 품고
차례를 기다린다

그럼에도

무너진 자리 위에
작은 생명이 돋는다
상처는 막힘이 아닌
새로운 문이 되기도

버티던 시간들이
새 숨결로 피어나고
단단히 자라나서
큰 경험이 된다

꽃다발

한 송이로는 버티지 못해
서로에게 기대어 선 꽃

말하지 않아도
겹겹이 쌓인 마음들이

아픔도, 기다림도
여러 색이 다발로 묶여

조용히 피어나
화창한 봄이 된다

기억

바람에 흔들리던
그 계절의 냄새가
오늘 나를 다시 부른다

오랫동안 알고 지낸
강은 여전히 여기에서
조금 달라졌을 뿐

떠났던 마음들이
물결처럼 되돌아와
발목 아래 머문다

확장의 꿈

벽을 하나 더 허물면
의자가 늘어난다
손님 얼굴도
조금 더 보인다

꿈은 늘
청소 끝에 찾아온다

숫자를 세다 말고
미래를 센다
겁도 나지만
불가능은 아니다

남편과 눈을 마주치며
고개를 끄덕인다

금낭화

내 마음도
이렇게 매달려
떨어질까 두려워
흔들리면서도
끝내 놓지 못했던 날들
사랑은 아픔을 안고
더 단단해진다

높은 곳에서

산은 말없이 서 있고
하늘과 다투지 않는다

좋게 어울린 풍경이
나를 위로한다

높은 곳에서 내려다본
자질구레한 염려가

조금 더 멀리 볼수록
더 작아지는 근심

부부

비바람 속에
나란히 서서
위로의 눈빛으로
여러 시간을 견딘다

심한 흔들림에도
쓰러지지 않는 이유는
밝은 하늘을
함께 올려다보기 때문이다

화해

서로 다른 색으로
껴안는다

부서진 마음 위에도
꽃은 앉을 수 있다

슬픔이 지나간 자리에
미움을 키우기보다

새로운 희망을
더 깊게 새긴다

감나무 2

잎이 떠난 자리에
붉은 하늘이 스며
빈 공간마다 맺힌
주황빛 시간이 매달린다

가득 차 있는 것은
붙잡아 둔 선물
잎의 비움이 건넨
또렷한 풍요를 본다

야채 트럭

제일 먼저 오는 손님
경적 대신 인사로
상추가 싱싱하고
무는 단단하다

덤을 주는 정겨움에
날씨 이야기로 안부를
야채 트럭이 가고나면
가게는 온통 초록

빛나는 트리

여러 발걸음이
모여들어

작은 소망을 비는
어둠 속의 나무

멋진 별구슬로
빛나고 있다

모두가 함께
흥겨워진 밤거리

봄

내 안에도
봄은 아직 산다
눈물로 얼었던 자리
빛이 스며든다

사랑을 믿기엔
많은 계절을 건너고
머물던 자리에서
다시 피어난다

잊었다고 생각했던 설렘이
꽃잎처럼 열리고
아주 천천히
나에게 돌아온다

걷기

길은 곧지 않아도 걷는다
돌아가도 괜찮다
중요한 건
걷고 있다는 사실이다

헤매면서 배우고
멈추며 깨닫는다
재촉이 없는
여유로운 걸음걸이로

기다림

물 위에
시간을 던져두고
말없이 강은 흐른다

조급함을 내려놓고
기다림을 배우면
머무는 걸 알게 된다

바람도 물결도
통제할 수 없다는 걸
아는 이 순간에

사랑

한때는 사랑이 아팠고
이제는 조용하다

떨어질 듯 마음들이
서로를 바라보며 흔들린다

기다림도 사랑이었고
놓아줌도 사랑이었음을

바람잡기

알록달록한 천가닥이
흐드러지게 춤출 때

그걸 잡으려고
이리저리 뛰노는

아이들의 손길과
웃음소리 가득

바람을 앞지르고
휘날리는 색색의 천

아이들은 노느라
정신이 없다

터널

어둠이 길다고
끝이 없는 건 아니었다

한 걸음, 또 한 걸음
철길처럼 이어진 시간

울고 싶은 날도
멈추지 않았던 이유는

빛이 있다는 걸
믿었기 때문이다

아침

아침은 이유 없는 기상
습관처럼 시작된 하루
기쁨은 잠시 다녀간 손님
슬픔만이 벽과 문이 된다

넘어지고 쓰러져 배운 것들
조금씩 나 다움을 입히고
모든 걸 잃고 서야 아는 무게감
후회만이 정원길을 만든다

숨이 차오르는 힘겨움만이
내가 살아있다는 증거
멈추고 싶어질 때 나아가는 걸음이
서툴러도 성장하는 나로
활기찬 아침으로 만들어준다

손끝 인심

초판 1쇄 발행 2026년 2월 25일

지은이 박미령
펴낸이 권지현
펴낸곳 이음과펼침
책임편집 이음과펼침 편집부

출판등록 2025년 7월 21일 제2025-000129호
주소 서울시 서초구 양재동 392-3, 202B
이메일 connectnbloom@gmail.com
원고투고 connectnbloom@gmail.com
홈페이지 www.connectnbloom.com

ISBN 979-11-24329-07-8(03810)

· 가격은 뒤표지에 있습니다.

· 파본은 구입하신 서점에서 교환해 드립니다.